U0100327

大展好書　好書大展
品嘗好書　冠群可期

彩色圖解
太極武術
16

夕陽美功夫扇

李德印
方彌壽 著

大展出版社有限公司

國家圖書館出版品預行編目資料

夕陽美功夫扇 ╱ 李德印 方彌壽 著
——初版，——臺北市，大展，2014〔民103.08〕
面；21公分 ——（彩色圖解太極武術；16）
ISBN 978－957－468－337－6（平裝）

1. 武術—中國
528.97   93016718

本書有作者演示 VCD，欲購者請洽大展出版社

夕陽美功夫扇

著　　者╱李德印　方彌壽
責任編輯╱佟　　暉
發 行 人╱蔡森明
出 版 者╱大展出版社有限公司
社　　址╱台北市北投區（石牌）致遠一路2段12巷1號
電　　話╱（02）28236031・28236033・28233123
傳　　眞╱（02）28272069
郵政劃撥╱01669551
網　　址╱www.dah-jaan.com.tw
E－mail╱service@dah-jaan.com.tw
登 記 證╱局版臺業字第2171號
承 印 者╱凌祥彩色印刷有限公司
裝　　訂╱承安裝訂有限公司
排 版 者╱弘益電腦排版有限公司
授 權 者╱北京體育大學出版社
初版1刷╱2004年（民93年）12月
2 版1刷╱2009年（民98年）8月

定　價╱220元

夕陽美功夫扇簡介

　　《夕陽美功夫扇》是作者繼《太極功夫扇》之後創編的姐妹篇，目的是豐富中老年朋友健身活動內容，提高趣味性、多樣性，加強健身效果。

　　《夕陽美功夫扇》同樣以武術動作爲基礎，適當吸收京劇、舞蹈成份，結合「中國功夫」歌曲的內容節奏，構成了載歌載舞，快慢相間，剛柔並舉，活潑新穎的特色。

　　全套共56個動作，分做六段和兩次過門。活動場地大約5公尺×2公尺。

　　第一段動作結合「中國功夫」歌曲每分鐘66拍慢板，以太極拳、太極劍動作爲主，每動8拍，動作柔緩自然，輕靈沉穩。

　　第二、四段動作結合歌曲每分鐘104拍快板，採取了長拳類武術動作，每動4拍，節奏鮮明，動作乾脆、舒展。

　　第三、五段動作結合歌曲念板，採取了南拳、八極拳、形意拳、陳式太極拳的發力動作及刀、槍、劍、棍等器械技法，每動也是4拍，動作剛健有力，旋轉、縱跳穿插其間。

　　第六段重新回到每分鐘66拍的慢板，選取了太極拳

動作，每動8拍，在平穩柔和的動作中，突出變化和對比，使內容柔而不軟，輕而不淡，趣味深長。

兩次過門選取了間歇的造型動作，既可以調整一下體力，也可以集體表演時組成波浪或其它隊形變換。

《夕陽美功夫扇》與《太極功夫扇》都是爲中老年朋友健身創編的歌配武套路，運動強度中等，全套心率約爲120次／分，其中跳躍、發力動作不超過150次／分。在內容上，兩套動作相互補充，避免重複。二者相比，本套內容在動作難度和表演效果上有所提高。

針對一些老年朋友初學時可能遇到的困難，我們對其中幾個難度較大的動作介紹了兩種練法（如第45頁「轉身雲掃」；第49頁「弓步紮扇」；第53頁「叉步後崩」；第91頁「跳步劈扇」等），大家可以根據自身情況加以選練。

夕陽美功夫扇動作名稱

第一段

1. 起　勢（白猿獻果）
2. 虛步撩扇（金剛撩衣）
3. 震腳抖扇（海底翻花）
4. 雲手撥扇（插步雲手）
5. 弓步推扇（摟膝拗步）
6. 架扇蹬腳（挑簾推窗）
7. 獨立劈扇（哪吒探海）
8. 回身崩扇（大蟒翻身）
9. 舉扇衝拳（彎弓射虎）

第二段

10. 歇步帶扇（古樹盤根）
11. 點步亮扇（雛燕凌空）
12. 歇步雲抱（天女散花）
13. 弓步下截（燕子抄水）
14. 抱扇彈踢（懷中抱月）
15. 弓步推扇（順水推舟）

16.劈扇探掌（白蛇吐信）

17.舞花擊扇（武松脫銬）

第三段

18.轉身雲掃（力掃千軍）

19.弓步紮扇（白虎攪尾）

20.叉步後崩（青龍回首）

21.背扇推掌（推窗望月）

22.馬步挎肘（二郎擔山）

23.馬步推扇（坐馬提韁）

24.叉步反撩（獅子滾球）

25.望月亮扇（嫦娥舒袖）

過　門

26.轉身抱扇（懷抱乾坤）

27.轉身捧扇（白猿獻果）

第四段

28.歇步帶扇（古樹盤根）

29.點步亮扇（雛燕凌空）

30.歇步雲抱（天女散花）

31.弓步下截（燕子抄水）

32.抱扇彈踢（懷中抱月）

33.弓步推扇（順水推舟）

34.劈扇探掌（白蛇吐信）

35.舞花擊扇（武松脫銬）

第五段

36.雲扇前點（蜻蜓點水）

37.弓步劈扇（風捲殘雲）

38.掩手推扇（掩手肱捶）

39.馬步撐扇（金雞抖翎）

40.崩拳蹬腳（蹬一根）

41.跳步劈扇（翻花舞袖）

42.背手後撩（鷂子束身）

43.點步上刺（燕子入雲）

過　門

44.弓步崩扇（披身伏虎）

45.歇步亮扇（霸王揚旗）

46.開立抱扇（懷抱乾坤）

第六段

47.弓步分靠（野馬分鬃）

48.虛步抱扇（手揮琵琶）

49.弓步推扇（如封似閉）

50.仆步分掌（分掌下勢）

51.舉腿挑扇（獨立跨虎）

52.擺腿拍腳（轉身擺蓮）

53.撞拳撩扇（當頭炮）

54.虛步亮扇（白鶴亮翅）

55.併步抱扇（白猿獻果）

56.收　勢（垂手還原）

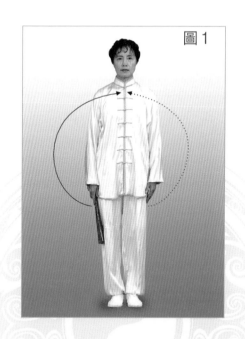

圖1

動作說明

預備勢

　　併步站立（假設面向正南），兩臂自然垂於體側。右手持握扇根。扇頂朝下。目視前方。（圖1）

　　【要點】

　　頭頸正直，身體端正，自然放鬆。

圖2

第一段

（一）起勢（白猿獻果）

併步抱扇

　　兩手經身體兩側畫弧上舉，合抱於胸前，高與肩平，手心向內，兩臂撐圓。右手握扇，扇頂向上；左手在外，四指貼於右拳背。目視前方。（圖2）

　　【要點】

　　頂頭沉肩，兩臂抱圓，肘尖微垂，含胸展背，立身中正。

（二）虛步撩扇（金剛撩衣）

1. 轉身右捋

兩腿屈蹲，重心右移，上體右轉，右腳以腳跟為軸，腳尖外撇約90度。同時兩臂微屈，左手外旋，右手握扇內旋，兩手向右畫弧平捋至身體右前方，高與肩平，手心向外，扇頂、指尖向南。目視左手。（圖3）

2. 擦步平推

左腳提起，以腳跟內側貼地面向左前（南）方上步。同時兩手向右平推，手心向外。目視扇頂。（圖4）

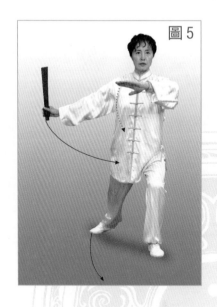

圖 5　圖 6

3. 弓步左掤

身體重心前移，左腳踏實，身體左轉向南。隨之左手內旋經胸前向下、向前畫弧，屈肘橫於體前，高與肩平，手心向外，拇指向下；右手握扇外旋畫弧至身體右後方，扇頂向上。目視前方。（圖5）

4. 虛步撩扇

右腳向前上步，腳前掌著地成右虛步。同時右手握扇畫弧前撩至右腹前，掌心斜向上，扇頂斜向前下；左手畫弧內收，掌指合於右前臂上，手心向下。目視扇頂。（圖6）

圖7

【要點】

① 左腳擦步和右腳上步皆要輕靈平穩。

② 上體保持正直，不可低頭彎腰。

③ 虛步，兩腳左右間要保持10～20公分，有利於身體放鬆、穩定。

（三）震腳抖扇（海底翻花）

1. 舉扇提腿

右手握扇屈臂上舉至頭前，拳心向內，扇頂向上；左掌外旋收於腹前，掌心向上。同時右腿屈膝上提，腳尖上翹。目視前方。（圖7）

2. 震腳砸扇

右手握扇下落，拳背砸擊左掌心，手心向上，扇頂朝前。同時右腳向下震踏落地，重心落於兩腿之間，兩腳平行向前或兩腳稍外展，兩腳相距約同肩寬。目視前方。（圖8）

3. 轉腰擺臂

重心右移，上體右轉，左腳跟離地。左掌變拳屈臂上舉至胸前，拳心向下；右手握扇下垂至體側。目視右側。（圖9）

圖10

4. 獨立抖扇

上體左轉，右腿微屈站穩；左腿屈膝上提，腳尖下垂。左拳隨轉體向下翻砸，置於左腿外側，拳眼向左，拳心向上；右手握扇向上畫弧抖腕開扇，手稍高於頭，扇骨豎直，扇面向前，扇頂向左。目視前方。（圖10）

【要點】

① 本勢採自陳式太極拳發勁動作，抖扇、砸拳要求抖彈發力，鬆快完整，剛柔相濟。

② 轉腰砸拳、抖腕開扇、提膝獨立三者要同時完成。

圖11

③ 震腳要實，獨立要穩。

④ 定勢時，左膝上提高於髖部，上體保持正直向南。

（四）雲手撥扇（插步雲手）

1. 開步右撥

身體右轉，右腿屈膝，左腳向左落步。同時左拳變掌，向右畫弧，橫於右腹前，指尖向南，掌心向西；右手握扇展臂向右雲撥至體側，扇頂向西，扇（背）面朝南，扇骨垂直於地面。目視右扇。（圖11）

圖12

圖13

2. 插步左撥

　　身體左轉向南，重心左移，隨之右腳向左後方插步，腳前掌著地。同時，左掌內旋向上、向左畫弧至左體側，指尖向南，掌心向東；右手握扇外旋向下、向左畫弧撥至腹前，扇骨與右臂平行，扇頂和手心斜向前上方；目視前方（正南）。（圖12）

3. 開步右撥

　　身體右轉，重心移至右腿，左腳向左開步。同時左掌外旋向下、向右畫弧橫於右腹前，掌心向西；右手握扇內旋向上、向右畫弧雲撥至體側，扇頂向西，扇（背）面朝南，扇骨垂直於地面。目視右扇。（圖13）

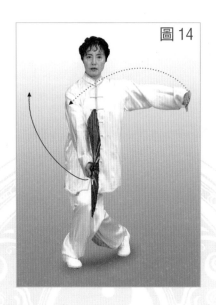

圖14

4. 插步左撥

身體左轉，重心移至左腿，右腳向左後方插步，腳前掌著地。同時左掌內旋向上、向左畫弧至體側，指尖向南，掌心向東；隨之右手握扇外旋向下、向左畫弧雲撥至腹前，扇骨與右臂平行，扇頂和手心斜向前上方。目視前方（正南）。（圖14）

【要點】

① 開步、插步皆向東移動，步法輕靈、平穩。

③ 右撥扇至正西，高與肩平；左撥扇至正南，高與腹平。

③ 雲撥扇時兩手應交叉畫弧，弧高不過頭，低不過髖。不可兩手左右擺動。

④ 扇面有正面、背面之分，光滑面（可繪有圖飾、文字）為正面；另一面黏附小扇骨為背面。

（五）弓步推扇（摟膝拗步）

1. 轉腰擺扇

體重移向右腿，身體右轉，右手內旋向下，向右畫弧，提舉至右肩前；方向西南；左掌向上、向右畫弧擺至右臂內側，掌心向左。眼看右手。（圖15）

2. 提腳翻扇

左腳提至右踝內側。右手握扇外旋，扇頂轉向上。目視右扇。（圖16）

3. 上步收扇

身體左轉，左腳向左（正東）上步，腳跟輕輕落地。右手持扇屈臂回收至肩上；左掌向下畫弧至腹前。目視前方（正東）。（圖17）

4. 弓步推扇

上體繼續左轉，重心前移，左腳踏實，左腿屈弓，右腿自然蹬直成左弓步。左手經左膝前向左摟過，按於左胯旁，掌心向下，指尖向前；右手持扇向前推出，高與鼻平，扇頂向前，扇骨豎直。右臂自然伸直。目視前方。（圖18）

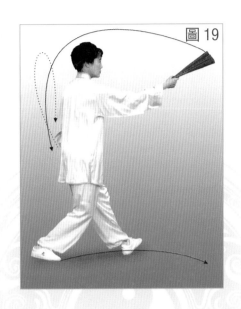

圖19

【要點】

① 弓步時左腳尖朝前（東），右腳尖斜向前（東南），兩腳左右間保持20～30公分寬度。

② 本勢為楊式太極拳動作，要求鬆柔勻緩，中正安舒。

（六）架扇蹬腳（挑簾推窗）

1. 轉體合扇

重心稍後移，左腳尖外展，上體左轉。右腕翻轉外旋合扇；左掌擺至體左側。目視右扇。（圖19）

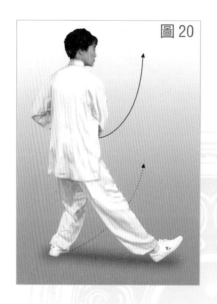

2. 上步繞扇

重心前移，左腳踏實，上體右轉，右腳向右前方上步，腳跟著地。同時右手握扇向上、向左畫弧繞至左胯旁，手心朝裏，扇頂斜朝後上方；左掌上舉合於右腕部，隨合手繞至左胯旁。目視前方（正東）。（圖20）

3. 收腳提扇

右腳尖外撇，重心前移，上體右轉，左腳屈收至右腿內側。右手握扇經體側繞轉提至胸前；左手仍附於右腕部。目視前方。（圖21）

圖22

4. 蹬腳架扇

　　右腿微屈獨立站穩，左腿屈膝上提，左腳腳跟為力點向前蹬出。同時右手握扇向上架舉至頭側上方，扇骨水平朝前，臂微屈；左掌自胸前向前推出，臂自然伸直，腕同肩高，手心斜朝前，指尖朝上。目視前方（正東）。（圖22）

　　【要點】

　　① 本勢及下勢皆源自太極劍動作，要求扇法清楚，身械協調。

　　② 定勢時立腰頂頭，立身中正，側向前方，重心穩定，蹬腳高於水平。

　　③ 繞扇時扇貼近身體立圓畫弧，與轉腰協調一致。

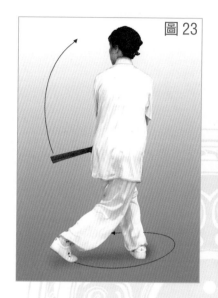
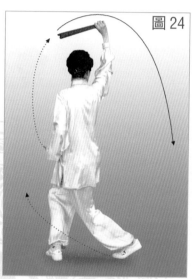

（七）獨立劈扇（哪吒探海）

1. 上步掛扇

左腳前落，腳尖外擺，身體左轉，重心前移，兩腿交叉，右腳跟離地。同時右手持扇經身體左側向下、向後勾掛，左掌附於右手腕部。目視扇頂。（圖23）

2. 轉身舉扇

左腳掌為軸，腳跟內轉，上體繼續左轉，右腳經左腳前向左蓋步；左腳跟提起。同時右手持扇內旋上舉；左掌外旋收至左腰間。目視右側（東北）。（圖24）

圖25

圖25附

3. 獨立劈扇

右腿獨立站穩，左腿屈膝上提，腳面繃直，成右獨立步。同時上體右轉，稍向前傾，右手持扇向右前下方開扇下劈，方向為東北，扇骨與右臂貼緊；左掌向左、向上畫弧舉至頭側上方。目視右扇。（圖25、25附）

【要點】

① 右腳蓋步與左腳碾轉、身體左轉協調一致。

② 下劈開扇與提膝獨立同時完成。

③ 劈扇斜向前下方約45度，扇骨與右臂方向一致，上體前傾約30度。

 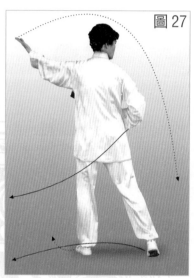

（八）回身崩扇（大蟒翻身）

1. 落腳合扇

身體左轉，左腳向左（正西）落步。右手外旋向左合扇上撩；左掌落於右前臂上，手心向下。眼看右扇。（圖26）

2. 扣腳穿掌

上體右轉，左腳尖內扣。同時右手握扇內旋，收至右腰側，手心向下；左掌翻轉向上，經右臂下向左前上方穿出，高與頭齊。目視右前方。（圖27）

3. 撤步壓掌

左腳以腳掌為軸向右碾轉，左腿屈膝前弓；身體右轉向東，右腳向後撤步（西）。同時，右手握扇順右腿向身後反穿；手心向後，左掌向上畫弧經頭前橫掌下壓至左膝前，掌心向下。上體前傾，目視左掌。（圖28）

4. 轉身穿刺

兩腳跟為軸碾步，身體右後轉，重心移至右腿，成右弓步。右手握扇外旋前刺（正西）；左掌內旋向後伸直，拇指向下。目視右扇。（圖29）

圖30

5. 獨立崩扇

重心後移，右腳蹬地屈膝上提；左腿獨立支撐，成左獨立步。右手抖腕開扇上崩，平舉於體前，扇頂向上，扇根與肩平；左掌向前屈臂撐在體側，手心朝南，指尖向西。目視右扇。（圖30）

【要點】

① 本勢採自八卦掌動作，要求掌法、扇法清楚，步法、身法靈活，重心穩定。

② 蹬地獨立與抖腕崩扇協調一致。

③ 壓掌時上體前傾探身，與右腿成斜直線。不可彎腰、駝背、低頭。

圖 31

圖 32

（九）舉扇衝拳（彎弓射虎）

1. 落腳擺步

右腳前落，腳尖外擺，身體微向右轉，右手握扇下落與腰平。目視前方。（圖31）

2. 扣步翻扇

左腳向前上步，腳尖內扣。同時右手握扇內旋翻轉向下，扇面與地面平行；左掌下落附於右腕處。目視扇沿。（圖32）

3. 轉身擺扇

　　重心左移，左腳以腳掌為軸碾轉，身體右後轉；右
腳向右前方（正西）上步，屈膝前弓，成右弓步。隨身
體旋轉，兩臂平圓擺至身體右前方，方向西偏北。扇面
平行於地面，與胸同高。目視右扇。（圖33）

4. 舉扇衝拳

　　身體左轉。右手握扇外旋上舉於頭側上方，扇骨豎
直，扇面向南；左掌變拳經胸前向南內旋衝打至體前，
高與肩平，拳眼斜向下。目視左拳。（圖34）

　　【要點】

　　① 弓步方向正西，反手衝拳方向正南，舉扇朝向正

圖35

南。

　② 本勢源於楊式太極拳動作，要求柔緩鬆沉，立身中正。定勢時兩臂微屈，沉肩墜肘。

第二段

（十）歇步帶扇（古樹盤根）

1. 轉腰擺扇

　重心左移，身體左轉。隨轉體右手左擺合扇，以扇根領先，扇骨水平擺至胸前（正南）；左拳外旋收至左腰間，兩拳心皆朝上。目視右扇。（圖35）

圖36

2. 歇步帶扇

重心右移，上體右轉。左腿經右腳後向右插步，兩腿交叉盤坐成歇步。同時右手握扇內旋右帶至體側，手心朝下，腕同胸高，手臂自然伸直。扇頂朝南。左拳變掌，向左、向上畫弧，亮舉至頭側上方，手心斜向上，指尖向右（西）。目視右側。（圖36）

【要點】

① 歇步時兩腿交叉貼緊，左腳跟提起，臀部接近左腳跟。

② 擺扇、帶扇與轉腰協調配合。

③ 定勢時上體要舒展端正，轉看正西。

（十一）點步亮扇（雛燕凌空）

1. 震腳砸扇

重心左移，左腿蹬伸，右腿屈提，右腳向左腳內側落地震踏。同時，左掌向下伸直再收至腹前，手心朝上；右手握扇上舉經頭前下落，與震腳同時，以拳背砸擊左掌心。目視前方。（圖37、38）

2. 點步亮扇

身體先右轉再左轉，左腳前移半步，腳前掌點地，腳面和膝關節繃直；右腿也伸直，成點立步（高虛步）。同時，右手握扇向下、向右、向上畫弧，至頭右

上方時抖腕開扇；左掌向上、向左、向下畫弧，抱拳收於左腰間。向左（東）甩頭，目視左側。（圖39）

【要點】

①本勢採自長拳動作。砸拳時兩手合於體前約20公分，扇頂斜向前上方。亮扇前兩臂掄擺成立圓。動作舒展大方，乾脆俐落。

②點立步時，挺胸立腰，兩腿膝關節挺直。

③抖腕開扇與點步甩頭一致。

（十二）歇步雲抱（天女散花）

1. 開步抱扇

左腳回收落於右腳左側，兩腳平行同肩寬，成開立

步；右手握扇外旋下落，橫立扇抱於胸前，手心向上；左
拳變掌合於扇根內側，手心向下。目視前方。（圖40）

2. 仰頭雲扇

兩腿不動，兩手經兩側分開畫弧舉至頭頂。右手旋
臂轉腕，持扇在頭頂雲轉一周；左手在頭頂與右腕相
合。頭仰視扇面。（圖41）

3. 歇步抱扇

右腳向左腳左後方插步，兩腿屈蹲成歇步。同時右
手持扇下落抱於胸前；左掌合於扇根內側。目視前方。
（圖42）

【要點】

① 在頭頂雲扇，不要在體側雲扇。

② 抱扇時扇橫立於胸前，扇背面朝前（南），兩手心相對。

（十三）弓步下截（燕子抄水）

1. 轉身翻扇

身體微站立，兩腳碾轉，身體右後轉。同時左掌先擺至左胯旁，再合於右腕上，手心向下；右手握扇外展，隨之內旋翻扇至左腹前，手心也向下。目視右扇。（圖43、43附）

圖44

2. 弓步截扇

　　身體繼續右轉，右腳向右前方（東）上步，右腿屈膝前弓，左腿自然伸直成右弓步。右手握扇下截至右膝前，與膝同高，扇面斜向下；左掌內旋向後上方伸直，與右臂成直線，掌心朝南，拇指向下。上體前探。目視右扇。（圖44）

【要點】

　　① 右手持扇自左向右前方畫弧，成弓步下截扇，方向正東。

　　② 上體前探，與左腿成斜線；兩臂伸直成斜線，與身體斜線交叉。

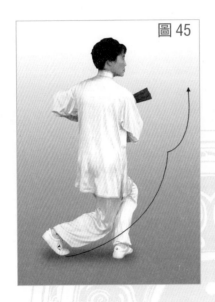
圖 45

圖 46

（十四）抱扇彈踢（懷中抱月）

1. 上步合扇

上體立直，左腳向前方上步，腳尖外撇，兩腿半屈，右腳跟離地。右手外旋合扇屈肘回抽，手心向內，置於左胸前，扇頂斜向上；左掌屈收合於扇根內側。目視前方（東）。（圖45）

2. 抱扇彈踢

右腿屈膝前提，小腿快速向前彈踢，腳面展平，與腰同高，力達腳尖。目視彈踢方向（東）。（圖46、46附）

【要點】

① 彈腿為快速發力腿法。要領是抬大腿、挺膝、甩小腿、繃腳尖，支撐腿微屈站穩。

② 上體保持正直，踢腿高不過腰。

（十五）弓步推扇（順水推舟）

1. 上步繞扇

身體左轉，右腳先屈收再向前上步，腳尖外撇。右手握扇向左、向下畫弧繞至腹前；左掌向左、向下擺至胯側。掌心向下。目視左側。（圖47）

圖48

2. 弓步推扇

身體右轉，左腳向前上步，左腿屈膝前弓。右腿自然伸直，成左弓步。右手握扇繞至頭前推出，停於右額前上方，扇頂斜向下，掌心斜向外；左掌自胸前推出，高與肩平；目視前方。（圖48）

【要點】

① 此勢採自弓步推刀動作。要求立腰頂頭，兩手虎口斜相對。

② 身體不可過於扭腰轉髖，做成側弓步。

圖49

（十六）劈扇探掌（白蛇吐信）

1. 弓步劈扇

左弓步不變，上體左轉，右手外旋揮扇前劈，扇骨張開，貼緊右臂，高與肩平，扇沿向下；左掌回收至右臂內側，掌心向右，指尖向上。目視右扇。（圖49）

2. 獨立探掌

重心後移至右腿，左腿屈膝提起，右腿獨立支撐站穩，成右獨立步。同時，右臂屈收，右手握扇向後抽拉至右腋下，扇骨貼緊右前臂，斜向前下方，扇面倒立在腋下肋旁；左掌自右臂上穿出，向前下方伸探，停在左

膝前，掌心向上，指尖向前下。身體略向前傾。目視左掌。（圖50）

【要點】

① 獨立探掌源於八卦掌動作。要求手腳一致，身法靈活，重心穩定。

② 劈扇應轉腰順肩，直臂抖腕，水平向前。

（十七）舞花擊扇（武松脫銬）

1. 擺步叉掌

上體左轉，左腳向前落步，腳尖外擺。右手握扇內旋向右、向前畫弧擺至左肩前，手心屈腕向外；左掌從

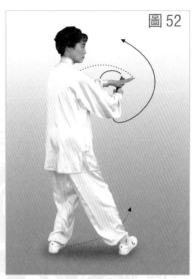

右腕下穿至右肩前，掌心向上，兩手腕關節交叉，扇面
與地面平行。目視扇面。（圖51）

2. 扣步舞花

上體左轉，右腳上步，腳尖內扣。右手握扇以腕關
節為軸在頭前逆時針旋轉（舞花）；左掌附於右腕下也
同時逆時針旋轉，在旋轉中順勢合扇，左掌翻壓在上。
目視左掌。（圖52）

3. 點步擊扇

身體繼續左轉，左腳向正北上步，腳前掌輕點地
面，右腿伸直，成點立步（高虛步）。右手握扇向下、
向右、向前畫弧，至右肩前開扇平擊，扇骨南北順直；

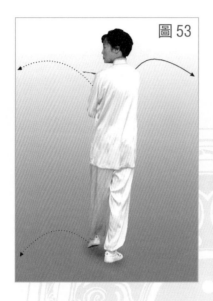

圖53　　　　　　圖53附

扇面與地面平行，左掌向前、向左平圓畫弧，隨平擊扇同時立掌收於右胸前，掌心向右，指尖向上。同時甩頭向左，目視正西。（圖53、53附）

【要點】

① 本勢屬長拳動作，要求動迅靜定，節奏鮮明，立身挺拔，動作乾淨俐落。

② 點步方向正北，轉腰甩頭向西。

③ 本勢扇法為平擊扇，也叫平崩扇。

圖54

第三段

（十八）轉身雲掃（一）（力掃千軍）

1. 擺步合扇

　　右腿微屈，身體左轉，左腳向左側擺腳上步，腳跟著地。同時右手合扇展臂平擺至身體右側，高與肩平；左掌向前、向左畫弧擺至身體左側，與右臂成直（平）線，橫掌向外，拇指朝下。目視左掌。（圖54）

2. 轉身雲扇

　　左腳踏實，重心移至左腿，繼而以左腳掌為軸身體左後轉；右腳提起收至左腿內側，隨轉體旋轉一周至正

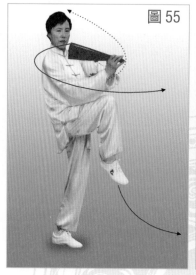

圖55

圖56

東。同時右手握扇屈收在體前屈腕平雲一周，高與肩平；
左掌屈收於右胸前，手心向下。目視右扇。（圖55）

3. 弓步掃扇

右腳向前（正東）上步，屈膝前弓成右弓步。右手
握扇經體側向體前畫弧平掃，至體前時抖腕開扇，扇面
與地面平行，高與肩平；左掌隨之向下、向左、向上畫
弧舉至頭側上方，手心斜向上。目視前方。（圖56）

【要點】

① 提腳轉身時提腰頂頭，兩臂內收助力，轉動要
快，落地要穩，方向要正。

② 本勢採自棍術雲掃動作。定勢時抖腕開扇成平崩

附圖1　附圖2

（擊）扇。

轉身雲掃（二）（力掃千軍）

在此說明為「轉身雲掃」的第二種練法，動作以附圖顯示。

1. 擺步合扇

同（一）1.擺步合扇。（附圖1）

2. 轉身雲掃

重心前移，左腳尖外撇，上體左轉。右手握扇自後向右，向前平掃至體前，再屈肘屈腕在胸前向左、向後平雲；左掌屈臂收於右腕處。目視右扇。（附圖2）

附圖3

3. 上步雲掃

右腳向前上步，屈膝前弓成右弓步，方向正西。右手握扇向右、向前平掃，至體前時抖腕開扇平擊，高與肩平，扇骨向西，扇面水平；左掌向左、向上舉於頭側上方，掌心斜向上。目視前方。（附圖3）

【要點】

① 轉身雲掃時，配合轉腰仰身，與身法協調一致。

② 上步方向正西。

圖57

圖58

（十九）弓步紮扇（一）（白虎攬尾）

1. 上步合扇

（上接圖56）右腳尖外撇，上體右轉；左腳向前上步，腳尖內扣。右手握扇內旋抽至胸前，左掌下落前推合扇，托住扇頂，掌心向上。目視扇頂。（圖57）

2. 插步攬扇

重心前移，上體右轉；右腳經左腳後向左插步。同時右手握扇，在胸前將扇向下、向左順時針方向攬動半周；左掌捧扇隨扇頂攬動半周。目視扇頂。（圖58）

圖59

圖60

3. 上步攬扇

上體左轉，左腳向前（東）上步，成半馬步。右手握扇向上、向右再攬動半周至腹前，手心轉向上；左手隨扇頂攬動，手心翻壓向下，停於體前。目視前方。（圖59）

4. 弓步紮扇

身體左轉，重心前移，屈膝弓腿成左弓步。右手握扇向前紮出；左掌包握在右手下，兩手手心皆向上，高與胸平。目視前方。（圖60）

附圖3

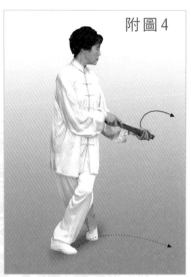

附圖4

【要點】

① 本勢採自槍術攔、拿、紮動作。攬扇時扇頂圈大，扇根圈小，與腰的旋轉（身法）配合一致。

② 紮扇要平，扇頂不可下垂。

弓步紮扇（二）（白虎攬尾）

在此說明為「弓步紮扇」的第二種練法，動作以附圖顯示。

1. 轉身合扇

（上接附圖3）重心後移，上體左轉，右腳經左腳後向左插步。右手握扇向左平擺至腰側；左掌下落在體側接托扇頂。目視扇頂。（附圖4）

附圖5

附圖6

2. 上步攬扇

左腳向東上步，重心移至兩腿之間，成半馬步。右手握扇立圓順時針方向攬動一周，掌心轉向上，高與腰平；左掌托壓扇頂隨之順時針方向攬動一周，掌心轉向下，高與胸平。目視前方。（附圖5）

3. 弓步絜扇

身體左轉，重心前移，成左弓步。右手握扇向前絜出，與胸同高；左掌握在右手下，目視前方。（附圖6）

【要點】

① 同弓步絜扇（一）

② 動作要連貫，與身法、步法協調配合。

圖61

圖62

（二十）叉步後崩（一）（青龍回首）

1. 退步繞扇

（上接圖60）重心後移，左腿後退一步，身體右轉。右手握扇向上、向後立圓擺至身體右後方，高與肩平；左掌向下、向前立圓繞至身體左前方。目視左掌。（圖61）

2. 轉身掄繞

重心左移，身體左後轉。左掌向上、向左立圓畫弧掄擺至體側；同時右手握扇向下、向上、向左立圓掄繞，至左腹前與左掌交叉相合，掌心均向下。目視扇頂。（圖62）

圖63　　　　　　　　圖63附

3. 叉步崩扇

重心左移，右腳從左腳前向左蓋步，腳尖外撇，右腿屈弓，左腿自然伸直，前腳掌著地，成叉步。同時上體右轉，右手握扇向下、向右畫弧至身體右側，隨之外旋抖腕開扇上崩，扇沿向上，扇骨貼於右臂，高與肩平；左掌向左、向上畫弧亮掌舉於頭側上方，手心斜向上。向右轉頭，目視右扇。（圖63、63附）

【要點】

① 叉步時兩腳成東西方向分開，腳尖方向為左腳尖向西，右腳尖向北。上體略前傾，扭腰轉頭向東。

② 定勢時右臂伸直，抖腕開扇；左臂屈肘上舉。

附圖6　　　　　　　　　　附圖7

叉步後崩（二）（青龍回首）

在此說明為「叉步後崩」的第二種練法，動作以附圖顯示。

1. 退步掄臂

（上接附圖6）重心後移，身體左轉，左腳後退一步，成側弓步。左掌向上、向左立圓掄擺至體側，高與肩平；右手持扇平舉於身體右側。目視左掌。（附圖7）

2. 蓋步繞扇

重心左移，右腳經左腳前向左蓋步，腳尖外撇。右

手握扇向上、向左立圓畫弧擺至左腹前；左掌屈收至右
腕下，兩手心皆向下。目視扇頂。（附圖8）

3. 叉步崩扇

　　上體右轉，重心左移，右腿屈弓；左腿自然伸直，
腳跟離地，成叉步。右手握扇向下、向右畫弧反撩，隨
之外旋開扇上崩，扇頂向上，扇骨貼於右臂；左掌向
左、向上畫弧亮掌舉於頭側上方，手心斜向上。目視右
扇。（附圖9）

【要點】
①　同叉步右崩（一）。
②　動作要連貫，與步法、身法協調配合。

圖64

（二一）背扇推掌（推窗望月）

1. 背扇擺掌

　　（上接圖63）身體右轉，左腳向左上步，左腿自然
伸直；右腿屈膝側弓，成側弓步。右手握扇內旋，屈肘
向下畫弧背於身後，扇面貼於後背，扇骨平行地面；左
掌向右、向下畫弧落於右肩前；掌心向右，指尖向上。
目視右前方。（圖64）

2. 弓步推掌

　　身體左轉稍向右傾，右腿屈弓成側弓步。左掌向左
前上方推出，腕與頭同高，掌心斜向前，指尖向上。目
視左掌。（圖65、65附）

【要點】

① 本勢步型為右側弓步，推掌斜向左前上方，方向西北。

② 背扇時先將扇內旋向下，再屈肘背於身後。

（二二）馬步挎肘（二郎擔山）

1. 轉腰合扇

身體右轉，右手握扇自背後向右伸直，隨之翻腕合扇，手心向上，腕同肩高；左掌屈肘向右收至右胸前，手心向右，指尖向上。目視右扇。（圖66）

圖66

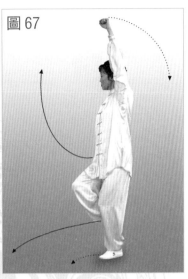

圖67

2. 收腳掄拳

左腳尖外撇，身體左轉，右腳收提至左踝內側。右手握扇內旋下落至右胯旁，手心向內；左掌變拳向下、向左畫弧上舉至頭上方，拳心向上；兩臂自然伸直。目視前方（正西）。（圖67）

3. 馬步挎肘

身體繼續左轉，左腳蹬地，右腳向右大步跨出，左腳滑步跟進，兩腳平行向南，兩腿屈膝半蹲成馬步。同時，右手握扇向右、向上揮擺，至肩高時迅速屈肘內收至肩上頭旁，拳心向前，扇頂斜向下，背於肩後，肘尖抬起，方向朝西；左拳左擺，左臂伸直，與肩同高，拳心向下，拳眼向南。面向右（西），目平視。（圖68）

圖 68

圖 69

【要點】

①　本勢採自八極拳動作，發力乾脆短促，氣沉丹田，跨步要遠，滑步要靈，馬步要穩。

②　馬步方向正南，挎肘方向正西，左臂伸向正東。

（二三）馬步推扇（坐馬提韁）

1. 馬步疊肘

兩臂同時屈肘疊收，肘尖上抬，方向朝南；兩手收至兩肩上，虎口向下。扇骨背於肩後，扇頂斜朝下。左拳握成單指手。頭轉向正南。目視前方。（圖69）

2. 馬步收扇

兩肘下落後拉，兩手收至腰間；右手握扇，左手仍

為單指手，兩手虎口皆向上。眼轉看左側。（圖70）

3. 馬步推扇

兩臂由慢而快向胸前伸直推出，左單指掌心向前，指尖向上；右手握扇拳面向前，扇頂朝上。目視前方。（圖71）

【要點】

① 本勢採自南拳動作，要求樁步穩定，勁力沉實，含胸拔背，立身中正。

② 單指為南拳特有手型。做法是食指伸直，其餘四指一、二指節屈向掌心，不可捏攏。

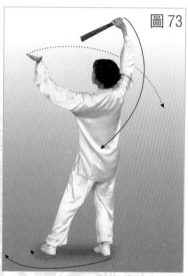

圖72　　　　　　　　圖73

（二四）叉步反撩（獅子滾球）

1. 擺步繞扇

身體右轉，右腳向西擺腳移步；右手握扇向左、向下畫弧繞至左腹前；左指變掌向左、向下畫弧繞至左胯旁，兩手心均向下。目視右前方。（圖72）

2. 翻身掄扇

左腳扣腳上步，兩腳距離與肩同寬，上體挺胸仰頭，翻腰向右後轉。兩臂隨翻身向右、向上立圓掄擺，兩手舉至頭側上方，右手握扇虎口向左；左掌掌心向上，指尖向左。目視上方。（圖73）

3. 開步擺扇

身體繼續右後轉至方向朝前（南）。左腳掌碾地，右腳向西跨出一步。兩臂向右、向下立圓掄擺至左腹前和左胯側。目向右平視。（圖74）

4. 叉步撩扇

上體右轉，左腳經右腳後向右插步，右腿屈膝，左腿自然伸直成叉步。兩臂繼續向下、向右、向上反撩，右臂伸直，右手握扇內旋斜向右上方；左掌擺至右肩前，掌指斜向右上。兩掌心均向身後。上體前傾，扭腰轉頭。目視右扇。（圖75）

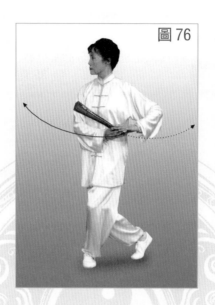

圖76

【要點】

① 掄擺扇動作要連貫，兩臂掄擺成立圓。

② 翻腰時挺胸、展腹、仰頭。

③ 叉步反撩時不可挺膝、彎腰、低頭。

（二五）望月亮扇（嫦娥舒袖）

1. 轉身擺扇

兩腳碾轉，身體直立向左旋轉一周。右臂伸展，隨轉體向左平擺，至接近一周時，右手握扇屈肘旋腕收於左胸前，手心向內；左掌隨之屈收，掌指合於扇根處。目視右扇。（圖76）

2. 分手刺扇

上體不變，右手握扇向正西平刺，虎口向上；左掌同時向東伸直，虎口也向上。目視右扇。（圖77）

3. 後舉腿亮扇

上體左轉，頭向左甩，左腿獨立支撐，右大腿後舉，小腿屈收，腳面展平，成望月平衡。同時，右手握扇舉至頭側上方抖腕開扇，扇骨豎直，扇面朝南；左掌直臂沉腕挑掌，平舉於體側，指尖向上，掌心向外。頭轉向正東，目視左掌。（圖78）

圖79

【要點】

①望月平衡要求重心穩定，右腿向後屈舉，上體撐腰轉頭，挺胸直背。

②防止低頭彎腰，屈腿團身，身體斜倒，右腿前提等錯誤。

過　門

（二六）轉身抱扇（懷抱乾坤）

右腳插步下落，兩腳碾轉，身體向右後轉至正北，兩腿自然直立，兩腳平行，同肩寬，成開立步。右手握扇外旋下落，橫立抱於胸前；左掌屈收下落，合於扇根內側。目視前方。（圖79）

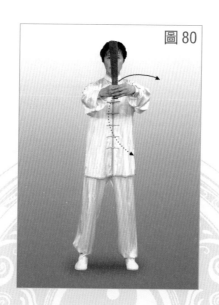

図80

【要點】

① 轉身要靈活、平穩。

② 開立步兩腳平行，不可前後錯開，也不可成八字腳。

（二七）轉身捧扇（白猿獻果）

右腳為軸，身體再右後轉向正南，左腳向東扣腳上步，兩腿仍成開立步。兩手分開，順勢合扇，兩手經體側畫弧抱於體前，高與肩平，兩臂撐圓，扇頂向上。目視扇骨。（圖80）

【要點】

同上勢。

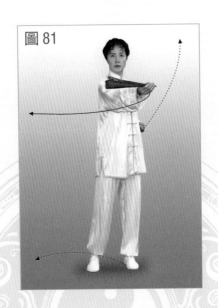

圖81

第四段

（二八）歇步帶扇（古樹盤根）

1. 轉腰擺扇

重心左移，身體左轉。隨轉體右手左擺，以扇根領先，扇骨水平擺至胸前（正南）；左手握拳收至左腰間，拳心朝上。目視右扇。（圖81）

2. 歇步帶扇

重心右移，上體右轉。左腿經右腳後向右插步，兩腿交叉盤坐成歇步。同時右手握扇內旋右帶至體側，手心朝下，腕同胸高，手臂自然伸直，扇頂朝南，左拳變

圖82

掌，向左、向上畫弧，亮舉至頭側上方，手心斜向上，
指尖向右。目視右側。（圖82）

【要點】

① 歇步時兩腿交叉貼緊，左腳跟提起，臀部接近左
腳跟。

② 擺扇、帶扇與轉腰協調配合。

③ 定勢時上體要舒展端正，轉看正西。

（二九）點步亮扇（雛燕凌空）

1.震腳砸扇

重心左移，左腿蹬伸，右腿屈提，右腳向左腳內側

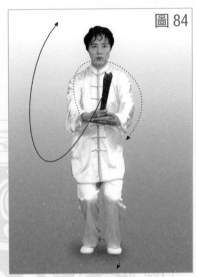

落地震踏。同時，左掌向下伸直再收至腹前，手心朝
上；右手握扇上舉至頭前下落，與震腳同時，以拳背砸
擊左掌心。目視前方。（圖83、84）

2. 點步亮扇

　　身體先右轉再左轉，左腳前移半步，腳前掌點地，
腳面和膝關節繃直；右腿也伸直，成點立步（高虛
步）。同時，右手握扇向下、向右、向上畫弧，至頭右
上方時抖腕側立開扇，扇頂向右（東）；左掌向上、向
左、向下畫弧，抱拳收於左腰間。向左甩頭，目視左
（東）側。（圖85）

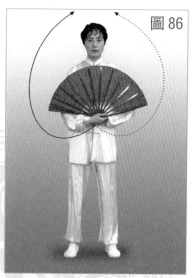

【要點】

①　本勢採自長拳動作，砸拳時兩手合於體前約20公分，扇頂斜向前上方。亮扇前兩臂掄擺成立圓。動作舒展大方，乾脆俐落。

②　點立步時，挺胸立腰，兩腿膝關節挺直。

③　抖腕開扇與點步甩頭一致。

（三十）歇步雲抱（天女散花）

1. 開步抱扇

左腳回收落於右腳左側，兩腳平行同肩寬，成開立步；右手握扇外旋下落，橫立扇抱於胸前，手心向上；左拳變掌合於扇根內側，手心向下。目視前方。（圖86）

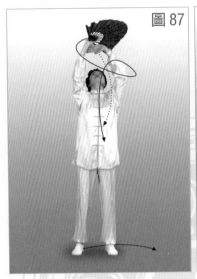

圖87

圖88

2. 仰頭雲扇

兩腿不動，兩手經兩側分開畫弧舉至頭頂。右手旋臂轉腕，持扇在頭頂雲轉一周；左手在頭頂與右腕相合。頭仰視扇面。（圖87）

3. 歇步抱扇

右腳向左腳左後方插步，兩腿屈蹲成歇步。同時右手持扇下落抱於胸前；左掌合於扇根內側。目視前方。（圖88）

【要點】

① 在頭頂雲扇，不要在體側雲扇。

② 抱扇時扇橫立於胸前，扇頂向上，扇背面朝前，兩手心相對。

圖89　　　　　　　圖89附

（三一）弓步下截（燕子抄水）

1. 轉身翻扇

身體微站立，兩腳碾轉，身體右後轉。同時左掌先擺至左胯旁，再合於右腕上，手心向下；右手握扇外展，隨之內旋翻扇至左腹前，手心也向下。目視右扇。（圖89、89附）

2. 弓步截扇

身體繼續右轉，右腳向右前方（東）上半步，右腿屈膝前弓，左腿自然伸直成右弓步。右手握扇下截至右膝前，與膝同高，扇面斜向下；左掌內旋向後上方伸

直，與右臂成斜（直）線，掌心朝南，拇指向下。上體
前探，目視右扇。（圖90）

【要點】

①右手持扇自左向右前方畫弧，成弓步下截扇，方
向正東。

②上體前探，與左腿成斜線；兩臂伸直成斜（直）
線，與身體斜線交叉。

（三二）抱扇彈踢（懷中抱月）

1. 上步合扇

上體立直，左腳向前方上步，腳尖外撇，兩腿半

圖92

圖92附

屈，右腳跟離地。右手外旋合扇屈肘回抽，手心向內，
置於左胸前，扇頂斜向上；左掌屈收合於扇根內側。目
視前方（東）。（圖91）

2. 抱扇彈踢

右腿屈膝前提，小腿快速向前彈踢，腳面展平，與腰
同高，力達腳尖。目視彈踢方向（東）。（圖92、92附）

【要點】

① 彈腿為快速發力腿法。要領是抬大腿、挺膝、甩
小腿、繃腳尖，支撐腿微屈站穩。

② 上體保持正直，踢腿高不過腰。

（三三）弓步推扇（順水推舟）

1. 上步繞扇

身體左轉，右腳先屈收再向前上步，腳尖外撇。右手握扇向左、向下畫弧繞至腹前；左掌向左、向下擺至胯側。掌心向下。目視左側。（圖93）

2. 弓步推扇

身體右轉，左腳向前上步，左腿屈膝前弓，右腿自然伸直，成左弓步。右手握扇繞至頭前推出，停於右額前上方，扇頂斜向下，掌心斜向外；左掌自胸前推出，高與肩平。目視前方。（圖94）

圖95

【要點】

①此勢採自弓步推刀動作，要求立腰頂頭，兩手虎口斜相對。

②身體不可過於扭腰轉髖，做成側弓步。

（三四）劈扇探掌（白蛇吐信）

1. 弓步劈扇

左弓步不變，上體左轉，右手外旋揮扇前劈，扇骨張開，貼緊右臂，高與肩平，扇沿向下；左掌回收至右臂內側，掌心向右，指尖向上。目視右扇。（圖95）

圖96

2. 獨立探掌

重心後移，左腿蹬地屈膝提起，右腿獨立支撐站穩，成右獨立步。同時，右臂屈收，右手握扇向後抽拉至右腋下，扇骨貼緊右前臂，斜向前下方，扇面倒立在腋下肋旁；左掌自右臂上穿出，向前下方伸探，停在左膝前，掌心向上，指尖向前下。身體略向前傾。目視左掌。（圖96）

【要點】

① 獨立探掌源於八卦掌動作。要求手腳一致，身法靈活，重心穩定。

② 劈扇應轉腰順肩，直臂抖腕，水平向前。

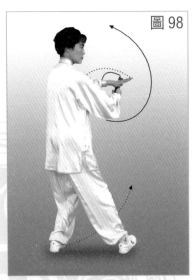

（三五）舞花擊扇（武松脫銬）

1. 擺步叉掌

上體左轉，左腳向前落步，腳尖外擺。右手握扇內旋向右、向前畫弧擺至左肩前，手心屈腕向外；左掌從右腕下穿至右肩前，掌心向上，兩手腕關節交叉，扇面與地面平行。目視扇面。（圖97）

2. 扣步舞花

上體左轉，右腳上步，腳尖內扣。右手握扇以腕關節為軸在頭前逆時針旋轉（舞花）；左掌附於右腕下也同時逆時針旋轉，在旋轉中順勢合扇，左掌翻壓在上。目視左掌。（圖98）

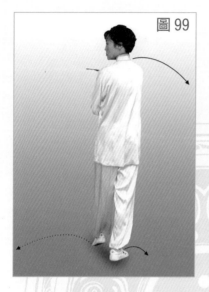
圖99

圖99附

3. 點步擊扇

身體繼續左轉，左腳向正北上步，腳前掌輕點地面，右腿伸直，成點立步（高虛步）。右手握扇向下、向右、向前畫弧，至右肩前開扇平擊，扇骨南北順直，扇面與地面平行；左掌向前、向左平圓畫弧，隨平擊扇同時立掌收於右胸前，掌心向右，指尖向上。同時甩頭向左，目視正西。（圖99、99附）

【要點】

① 本勢屬長拳動作，要求動迅靜定，節奏鮮明，立身挺拔，動作乾淨俐落。

② 點步方向正北，轉腰甩頭向西。

③ 本勢扇法為平擊扇，也叫平崩扇。

圖100

第五段

（三六）雲扇前點（蜻蜓點水）

1. 轉體雲扇

右腿屈膝，上體右轉，左腳向左撤步。右手握扇向右擺臂平雲合扇至右前方（東偏南）；左掌附於右肘內側，隨右臂雲擺至右肩前。目視右扇。（圖100）

2. 坐腿雲扇

重心後移，左腿屈坐，右腿蹬直，腳尖上翹，上體左轉，並向左閃身。右手握扇屈肘後雲將扇收於右肩前，扇頂斜向後上方；左掌隨之收至左胯，掌心向下。

圖101

圖102

眼看右扇。（圖101）

3. 丁步點扇

　　重心前移，右腿屈弓，左腳跟步至右腳跟內側，腳掌點地，兩腿屈膝成丁步。同時，右手握扇向右前（東）下方點擊；左掌向下、向左、向上畫弧繞舉至頭側上方，掌心斜向上。目視右扇。（圖102）

　　【要點】

　　① 本勢採自劍術練習。雲扇動作連貫不停，同時與右臂伸屈和腰部旋轉（身法）密切配合。

　　② 點扇方向正東，握扇鬆活，屈腕下點，力點扇頂。

圖103

③丁步腳尖方向：右腳尖東偏北，左腳尖北偏東。

（三七）弓步劈扇（風捲殘雲）

1. 上步纏頭

左腳向前上步，腳尖外撇。右手握扇內旋向上纏舉至頭後，扇頂斜向後下方；左掌經右臂下向右穿出，再向下畫弧至右腹前，手心向下。目視左前方。（圖103）

2. 弓步劈扇

右腳向前方上步，右腿屈膝，左腿自然伸直成右弓步。同時，右手握扇纏頭一周後向前開扇下劈，扇骨與肩同高，扇沿（頂）向下；左掌向上畫弧擺舉至頭側上

圖 104　　圖 105

方，掌心斜向上。目視前方。（圖104）

【要點】

① 本勢採自纏頭劈刀動作。纏頭時右手屈腕上舉，扇骨下垂貼近頭部，自左向後向右繞頭一周。

② 弓步與劈扇方向正東。

（三八）掩手推扇（掩手肱捶）

1. 收腳合扇

重心後移，上體右轉，右腳收提至左小腿內側。左掌沿右臂下向前穿伸並順勢合扇，右手持扇後收至胸前。目視左掌。（圖105）

2. 震腳展臂

上體右轉。右腳向左腳內側踏震落地，左腳隨之提起。右手握扇內旋向下、向右畫弧展開至體側，手心向下；左掌同時內旋向下、向左畫弧展開，手心也向下。兩臂左右平舉向兩側展開。目視右扇。（圖106）

3. 馬步掩手

右腿屈蹲，上體微左轉，左腳跟輕貼地面向左（東北）擦腳開步，重心移向兩腿之間，成右偏馬步。兩臂外旋，兩肘內合。左掌成八字掌，向內掩裏擺至體前，朝向東南，手心向上，高與肩平；右手握扇屈臂內掩合於左肘內側，手心向上，扇頂也朝向東南。目視左掌。（圖107）

圖108

4. 弓步推扇

重心快速左移，上體左轉，轉腰順肩，右腿蹬直成左弓步。右手握扇發力向右前（東南）方推出，並順勢開扇，扇骨與右臂貼緊，高與肩平；左八字掌屈收貼於左腹部，掌心向內。目視右扇。（圖108）

【要點】

①本勢採自陳式太極拳掩手肱捶動作。發力時要求鬆活抖彈，腰肢完整，剛中有柔。

②掩手時兩臂外旋內裹，腋部夾緊，屈腿圓襠，含胸弓背，蓄力待發。

③八字掌的做法是：拇指、食指伸直成八字，其餘

圖109

三指屈於掌心。

（三九）馬步撐扇（金雞抖翎）

1. 扣腿鑽拳

上體左轉，重心移至左腿，右腳提起，腳背扣在左小腿後側。右手持扇內旋屈收至左胸前，扇沿向下，扇骨成水平橫於體前；左掌握拳經胸前從右臂內側向上、向前鑽出，拳心斜向上，高與頭平，肘關節與右手上下相對。目視左拳。（圖109）

2. 提扇合掌

右手握扇直臂上提至體前，扇骨水平與肩同高，方

向與右臂一致，扇沿（頂）向下；左拳變掌收至右臂內側，掌心向右，指尖向上。目視右扇。（圖110）

3. 馬步撐扇

上體右轉，左腳蹬地，右腳向右開步，左腳滑步跟進，兩腿屈蹲，重心落於兩腿中間成馬步。同時，右手握扇向右上方撐開，停於頭側前方，扇面朝南，扇沿斜向左下方；左掌向下、向左撐至左膝旁，掌心向下，虎口向內。目視左掌。（圖111）

【要點】

① 本勢為形意拳動作。要求動作整齊，勁力充實，重心穩定。

圖112

② 鑽拳方向正東；馬步方向正南。

（四十）崩拳蹬腳（蹬一根）

1. 擺腳合扇

身體右轉，右腳尖外擺移步。右手向右外旋展臂合扇。目視右扇。（圖112）

2. 轉身疊臂

右腳碾地，身體右後轉至正北，左腳上步落於右腳內側，腳前掌點地。右手握扇向下、向右、向上、向左、向下弧形繞擺一周半至腹前，拳心向內，扇頂斜向左上方；左掌變拳向左、向上、向右、向下繞擺一周至

腹前，兩腕交叉相疊，左拳在下，拳心向內。目視左前
方。（圖113、113附）

3.崩拳蹬腳

　　重心移至右腿，左腿屈膝上提，腳尖上勾，以腳跟
為力點，快速發力向左上蹬出。同時兩拳自胸前分別向
左右展臂崩拳，拳與肩平，拳眼向上，力點在拳背。目
視左拳。（圖114）

【要點】

　　① 本勢也屬陳式太極拳發勁動作，蹬腳與崩拳皆應
抖彈發力，快速鬆活，手腳發勁後迅速收回。

　　② 上體保持正直，兩臂水平側展，蹬腳高於腰部，

重心平衡穩定。

（四一）跳步劈扇（一）（翻花舞袖）

1. 收腳落扇

右腿屈蹲，上體左轉；左腳屈膝下落至右腳內側，腳尖點地。左拳向下擺落至體側；右手握扇向左、向下擺落至左腰間，兩拳心皆向後。目視左拳。（圖115）

2. 跳轉身劈扇

左腿屈膝上擺，右腿蹬地跳起，身體在空中向左後方翻轉180度，左、右腳依次落地，右腳在前，腳尖朝西；左腳在後，腳尖向西南，兩腿屈膝，重心偏於左腿

成三體式步。隨起跳騰空，兩手同時向右、向上掄擺於頭上（圖116）；兩腳落地時，兩手依次向體前劈壓。左拳變掌屈臂劈至腹前，手心向下；右手開扇劈至體前，高與肩平，扇骨與右臂方向一致，朝向正西。目視右扇。（圖117）

【要點】

① 本勢為陳式太極拳跳轉發力動作，騰空要輕，落地要穩，方向要正，劈掌、劈扇與右腳落地協調一致，左右腳依次踏落，先後兩響。

② 有困難者可以不跳，採用轉身撤步掄劈扇練法。

圖114　　　　　　　　　　　附圖10

跳步劈扇（二）（雙震腳）

在此說明為「跳步劈扇」的第二種練法，動作以附圖顯示。

1. 上步收拳

（上接圖114）右腿稍屈，左腳屈膝下落至右腳內側，腳尖點地。左拳向下收擺至腹前；右手握扇同時收擺至腹前，兩拳相交，右手在外，掌心皆向內。目視左前方。（附圖10）

2. 上步分扇

上體左轉，左腳向前（西）上步，腳尖外撇，重心前

移，右腿自然伸直，腳跟離地。左拳變掌，兩手舉至頭前向兩側畫弧分開，掌心皆向下。目視前方。（附圖11）

3. 蹬跳托舉

右腿屈膝上擺，左腿蹬地向前方縱跳。兩手內收至腹前外旋上舉，手心皆轉向上。右手握扇舉於頭前；左手托舉於右肘內側。目視前方。（附圖12）

4. 震腳劈扇

左腳、右腳依次落地震踏兩響，右腳在前，腳尖朝西，兩腿屈膝，重心偏於左腿，成三體式步。兩手隨兩腳落地依次向身前劈壓。右手握扇向下開劈，與肩同高；左掌劈至腹前，手心向下。目視右扇。（附圖13）

附圖13

圖118

【要點】

① 縱跳儘量向上，不要求遠。右腿半屈上擺，左腿用力蹬跳，兩臂內裹上擺，自然伸直。

② 本勢也是陳式太極拳縱跳發力動作。起跳時兩臂內裹上擺托舉；落地時兩腳震踏實，兩手內旋下劈。

（四二）背手後撩（鷂子束身）

1. 轉身展臂

左腳扣腳上步至右腳前，兩腳向右碾轉，身體右轉180度朝向正東；同時兩臂分別向兩側平展，手心皆向上。目視前方。（圖118）

圖 119

2. 背手後撩

右腳向後退步，上體前傾，右腿自然伸直，左腿屈膝前弓成左弓步。兩臂同時上舉經頭前向下、向後背手後撩至身體兩側，兩臂自然伸直，斜向後下方。同時左掌變勾手，勾尖向上；右扇扇骨貼住右臂，扇沿斜向後上方。頭向右轉，目視右後方。（圖119）

【要點】

① 上體前傾與右腿成一條斜線，不可弓腰、駝背、低頭。

② 扇骨與右臂方向一致；兩臂後背方向、高度要統一。

圖120

（四三）點步上刺（燕子入雲）

1. 轉腰掄扇

重心後移，左腳尖內扣，右腳尖外擺，身體右轉，左腿自然伸直，右腿屈膝側弓。右手握扇向左、向上、向右掄擺至身體右側，右臂伸直，扇骨與右臂方向一致，扇沿向上；左勾變掌伸於身體左側，左臂自然伸直，手心向下。目視右扇。（圖120）

2. 擺掌收扇

上體右轉，右手合扇收抱至腰間，手心向上，扇頂向南；左掌向上，向右擺至右肩前，掌心向右。目向右

前方平視。（圖121）

3. 點步上刺

身體左轉，右腿直立，左腳向南上步成點立步（高虛步）。右手握扇上刺，臂伸直，扇頂向上；左掌下按至左胯旁，掌心向下，指尖向前。甩頭向左目視。（圖122）

【要點】

① 點步方向正南，上體轉看正東。

② 挺胸、立腰、頂頭、沉肩、直臂、挺膝。

圖123

過　門

（四四）弓步崩扇（披身伏虎）

1. 開步擺扇

上體右轉，左腳向左開步，右腿屈膝；左腿伸直，腳掌著地。右手握扇向右擺落至體側，與肩同高，扇頂向西；左掌向左、向上、向右擺至右肩前，掌心向下。目視右扇。（圖123）

2. 貫拳崩扇

上體左轉，重心左移，左腿屈弓，右腿蹬直成左側弓步。右手握扇向下、向左擺至左胸前，外旋抖腕上崩

圖124

圖125

開扇，扇背面朝南，扇沿向上；左掌同時向下、向左擺至體側，屈臂貫拳，停於左肩前，拳心向外，拳眼斜向下。向右甩頭，目視右前（西南）方。（圖124）

【要點】

①抖腕開扇應在左胸前，不可屈臂離身體太近，影響開扇。

②本勢吸收京劇表演亮相技法，開扇、貫拳、甩頭三者協調配合，脆快寸勁，同時完成。

（四五）歇步亮扇（霸王揚旗）

1. 轉腰合扇

身體左轉，右手持扇向左前方推出，順勢抖腕合

圖 126

圖 127

扇；左拳變掌收至胸前，掌心向右，指尖向上。目視右扇。（圖125）

2. 轉腰分手

上體右轉，重心右移，右腿稍屈，左腿伸直，腳跟離地。兩手交叉畫弧向左右展開。左掌心向後；右手心向下，扇骨與右臂方向一致，指向正西。目視右扇。（圖126）

3. 歇步亮扇

左腳向右腳右後方插步，兩腿交疊屈膝全蹲，成歇步。右手直臂舉至頭側上方開扇；左掌收至右胸前，指尖向上，掌心向右。頭轉目視左側（東）方。（圖127）

圖128

① 本勢同樣採用京劇亮相技法，歇步、開扇、甩頭脆快一致。

② 歇步時兩腳東西方向成丁字交疊，上體側向正東。

（四六）開立抱扇（懷抱乾坤）

身體起立，上體右轉，朝向正南，右腳向右移動一步，左腳碾轉，兩腳平行向前同肩寬，成開立步。右手握扇外旋下落抱於懷中，手心向上，扇面與身體平行，方向朝南；左掌落於扇根內側。目視前方。（圖128）

【要點】腳步移動要平穩，輕靈，準確。

圖 129

第六段

（四七）弓步分靠（野馬分鬃）

1. 收腳抱扇

　　兩腿屈蹲，左腳提收至右腳內側。兩手在胸前左右分開，順勢合扇，右手握扇立圓向上畫弧屈抱於右胸前，高不過肩，手心向下；左掌立圓向下畫弧屈抱於右腹前，手心向上，兩手上下相對，如在右胸前抱球狀；目視右扇。（圖129）

2. 上步合臂

　　上體左轉，左腳向左前方（正東）邁出一步，腳跟輕輕著地，重心仍在右腿上。兩臂交叉合抱於體前。目

視前方。（圖130）

3. 弓步分靠

　　上體繼續左轉。重心前移，左腳踏實，左腿屈膝前弓；右腿自然蹬直，右腳跟外展，成左弓步。同時兩掌前後分開，左手分至體前，高與眼平，手心斜向上；右手握扇按至右胯旁，手心向下，扇頂朝前；兩臂微屈。目視左掌。（圖131）

　　【要點】

　　① 本勢為楊式太極拳動作，要求均勻柔緩，中正安舒，輕靈沉穩。

　　② 弓步方向正東，兩腳左右保持20～30公分寬度。

圖132

圖133

（四八）虛步抱扇（手揮琵琶）

1. 轉腰擺扇

重心後移，左腳尖外撇，身體左轉，右手握扇向前、向左畫弧擺至腹前，手心向內，扇頂斜向下；左掌落於右前臂上方，掌心向下。目視左前方。（圖132）

2. 上步撇扇

上體右轉，右腳向前方上步，腳跟先著地，然後全腳踏實，重心偏於左腿，成三體式步。右手握扇上舉經頭前翻轉撇出，手心向上，扇頂斜向前上方；左掌附於右臂內側，同時向前撇出，掌心朝下。目視右扇。（圖133）

圖 134　　　　　　　　　　圖 135

3. 弓步推掌

　　上體右轉，重心前移，右腿屈弓成右弓步。左掌立掌向前推出，高與肩平；右手握扇經左掌下後收至腰間，手心向上，扇頂朝前。目視左掌。（圖134）

4. 虛步抱扇

　　上體左轉，重心後移，身體後坐，右腳腳跟著地，腳尖上翹成右虛步。同時，右手握扇向前上方穿伸，手心斜向上；左手輕捏扇骨後拉開扇。收於右肘內側，掌心向右，虎口斜向上。右手同肩平，左手同胸高，扇骨斜向上，扇面展開斜抱於體前。目視前方。（圖135）

圖136

【要點】

① 本勢由太極拳白蛇吐信，手揮琵琶兩個動作組成，包括撇扇、推掌、抱扇三個手法。

② 定勢成虛步，合手抱開扇，要求立身中正，屈腿落胯，虛實清楚。不可前俯後仰。

（四九）弓步推扇（如封似閉）

1. 收腳旋扇

右腳尖外擺，身體右轉。右腳收至右踝內側。兩手握扇骨，將扇立圓向後旋轉180度至左手在上，扇骨豎立於頭前。目視前方。（圖136）

2. 上步收扇

上體左轉，左腳向前上步，腳跟著地。兩手握扇骨翻轉扇面成水平，將扇收至胸前；兩手平行向下收於胸前。目視前方。（圖137）

3. 弓步推扇

重心前移，左腿屈膝前弓，右腿自然蹬直成左弓步。兩手平握扇骨向前推出，高與肩平，兩臂微屈。扇沿朝前，扇面與地面平行。目視前方。（圖138）

【要點】

① 立圓倒轉旋扇過程中，左手要外旋換握扇骨，右

圖139

手要內旋下滑接握扇骨，兩手倒把換握時要鬆活平穩，
勿使扇晃擺。

　　② 動作要連貫柔活，手腳上下相隨，步法輕起輕
落，防止搶、快、急、重現象。

（五十）仆步分掌（分掌下勢）

1. 反手接扇

　　兩手順時針翻轉扇面成立扇；右手內旋，反手接握
扇根，虎口向下，掌心向右。目視前方。（圖139）

2. 轉身提扇

　　身體右轉，重心右移，左腳尖內扣，右腳尖外展，

圖140

圖141

右腿屈蹲，左腿伸直，身體轉向正南，成側弓步。右手握扇外旋屈收至頭前，手心向內；左掌指附於右腕內側。目視右扇。（圖140）

3. 分掌分扇

右腿屈膝全蹲，左腿向左伸直，兩腳全腳著地，成左仆步。上體稍前傾，兩手向上、向兩側畫弧分落，左掌分落至左小腿前，與髖同高，掌心朝下，指尖向左；右手握扇分落至體側，與肩同高，手心向上。兩臂自然伸直展開，扇骨與右臂平行，斜向右上方。目視左掌。（圖141）

【要點】

① 仆步分掌是武式太極拳動作，要求動作柔緩，開

附圖14

圖142

合清楚，立身中正。本勢傾身不可過大，不可低頭、彎腰、抬臀和掀腳拔跟。

②仆步困難者，可做成側弓步斜飛勢。（附圖14）

（五一）舉腿挑扇（獨立跨虎）

1. 轉腰合扇

重心上升，上體右轉。右手抖腕合扇，扇骨仍斜向右上方；左掌伸於體側。眼看右扇。（圖142）

2. 收腳繞扇

重心左移，上體左轉，右腳收至左腳內側；腳尖點地。同時，右手領扇向上、向左畫弧擺至左肩前，手心

向內，扇骨斜向上；左掌上舉與右手相合，附於右腕內側，隨之繞轉。目視左前方。（圖143）

3. 上步繞扇

上體右轉，右腳向西擺腳上步。兩手繼續向下、向右畫弧繞至腹前，手心向下，扇骨朝後。目視前（西）方。（圖144）

4. 舉腿挑扇

重心前移，右腿微屈獨立站穩；左腿向前提舉於體前，膝關節微屈，高於腰部，踝關節內翻，腳面展平。右手向前、向上挑舉，至肩高時外旋抖腕開扇，掌心向上，高與肩平，扇與左腳上下相對，扇骨貼於右臂，舉

圖145

附圖15

向正西，扇頂向上；左掌變勾手同時上提，舉於左後方，朝向東南，勾尖向下，高與肩平；上體左轉，面向西南。目平視。（圖145）

【要點】

① 本勢採於四十二式太極拳競賽套路。上體保持正直，舉腿與挑扇、提勾協調一致，重心保持穩定。上體左轉，朝向西南。右手和左腿提舉方向皆為正西。

② 舉腿困難者可降低難度，做成右提膝獨立。（附圖15）

圖146

圖147

（五二）擺腿拍腳（轉身擺蓮）

1. 扣步合扇

上體右轉，右腳前落，腳尖內扣。左勾手變掌，舉於體側，手心向下，高與肩平；右手前送合扇，手心向上，扇骨指向西北。目視右扇。（圖146）

2. 轉身穿扇

以左腳跟、右腳掌為軸碾轉，身體向右後轉至正東時，重心移向左腿，右腳跟提起。左掌畫弧向右平擺至右肩前，掌心向右，指尖向上；右手握扇經胸前從左肘下向左穿出，掌心向上，再隨轉體向右平擺至體側，同時內旋沉腕，使掌心向前，扇頂朝上。頭隨體轉。目視

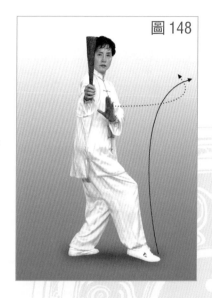

右扇。（圖147、148）

3. 擺腿拍腳

左腿支撐，上體左轉，右腿直腿向左、向上、向右作扇形外擺，腳面展平。同時左掌自右向左平擺，在頭前拍擊右腳面；右手立扇舉握在體右側。目視左掌。（圖149）

4. 撤步探掌

上體左轉前探，右腳屈收向右後方（西南）退步，右腿自然伸直；左腿屈膝前弓，成左弓步。左掌與右手同時向左前方（東北）伸出，兩臂自然伸直，左掌心向下，與肩同高；右掌心向上，停於右腕內側下方，扇骨

圖150　　　　　附圖16

伸向東北。目視左掌。（圖150）

【要點】

①轉身穿擺掌時保持重心平穩，上體正直，以腰帶臂，協調一致。

②擺蓮拍腳時鬆胯、鬆腰，擺幅要大，擺腳要高，擊拍準確響亮。

③外擺腿困難者，可做成向前上方直擺拍腳。（附圖16）

（五三）撞拳撩扇（當頭炮）

1. 抃手收扇

重心移於右腿，身體右轉，左腳收至右腳內側，腳

尖點地。左掌與右手同時後捋收至腹前，左掌心向下；右手心向上，扇頂向東。目視右前方。（圖151）

2. 上步撞拳

左腳向正東上步，兩腿屈蹲，上體左轉，重心落於兩腿之間，成半馬步。兩拳隨上步同時向前撞擊捌打，左臂屈肘橫於體前，高與胸平，拳心向內，拳眼向上；右手握扇同時向前撞擊，停於左腕內側，與胸同高，拳面朝前，扇頂向上。兩臂半屈撐圓。目視前（東）方。（圖152）

3. 轉身繞扇

重心稍後移，左腳尖外撇，上體左轉。左拳變掌向下，向前畫弧；右手握扇向上、向後繞轉。目視前方。

（圖153）

4. 虛步撩扇

重心前移；上體左轉，右腳向前方上步，腳尖上翹，腳跟著地成右虛步。同時，右手握扇向後、向下、向前繞扇前撩，至右腹前開扇，臂自然伸直，伸向前下方，扇骨與右臂貼緊，扇面側立，扇沿斜向前上方；左掌向前、向上、畫弧再屈收合至右臂內側，掌心向右，指尖斜向上。目視扇上沿。（圖154）

【要點】

① 撞拳掤打屬陳式太極拳發勁動作，快速抖彈，鬆活短促。氣沉丹田。同時保持上體正直，含胸拔背，屈

圖155

腿圓襠。

②撩扇向前下方，上體稍前傾，虛步朝向正東。

（五四）虛步亮扇（白鶴亮翅）

1. 退步收扇

右腳向右後方退步，右腿自然伸直，腳掌著地。上體右轉，左掌前推至體前，順勢合扇，掌心向下；右手握扇回收至腰側，手心向上。目視左掌。（圖155）

2. 轉腰擺扇

重心右移，上體右轉，左腳尖內扣，右腳尖外展。右手握扇向下、向右畫弧擺至身體右後方，手心向下；

左掌向上、向右畫弧擺至右肩前，掌心向右。目向右平
視。（圖156）

3. 虛步亮扇

上體轉向正南，左腳向前上步，腳前掌著地，成左
虛步。兩手向左下和右上方畫弧，左掌按在左胯旁；右
手在頭右前方抖腕開扇，扇面朝南，扇骨豎直。目視前
方。（圖157）

【要點】

① 動作連貫圓活，腰肢協調一致。中途不可斷勁。

② 定勢為楊式太極拳動作，立身中正，鬆腰沉胯，
頂頭鬆肩，兩臂半屈成弧。

圖158

圖159

（五五）併步抱扇（白猿獻果）

1. 活步合扇

左腳向前移步，腳跟著地，右手翻腕合扇。目視前方。（圖158）

2. 開立平舉

重心前移，身體站立，右腳向右前方上步成開立步，兩腳平行同肩寬。右手持扇落經腰間再向右平舉，扇頂向右；左臂同時向左平舉，兩手心皆向下。目視前方。（圖159）

圖160

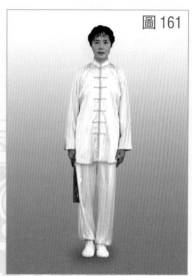
圖161

3. 併步捧扇

左腳收至右腳內側併步。兩手同時從兩側向前畫弧合抱於體前，與肩同高，兩臂撐圓，左手在外，扇頂向上。目視前方。（圖160）

【要點】

身體放鬆，自然直立，呼吸平順，動作柔緩。

（五六）收勢（垂手還原）

兩臂自然下垂至體側，身體還原成預備勢。目視前方。（圖161）

動作與歌曲配合對照表

動作名稱	拍節	曲譜	歌詞

預備勢

第一段（慢板）每分鐘66拍

1. 起　　勢　八拍　（音樂前奏）
2. 虛步撩扇　八拍　6·１ 5 6 1 7｜6 － － －　　臥似一張弓
3. 震腳抖扇　八拍　6·１ 5 6 4 5｜3 － － －　　站似一棵松
4. 雲手撥扇　八拍　3 3 2 5 5 6｜3 4 3 2 1 －　不動不搖坐如鐘
5. 弓步推扇　八拍　2·3 5 6 1 7｜6 － － －　　走路一陣風
6. 架扇蹬腳　八拍　6·１ 5 6 1 7｜6 － － －　　南拳和北腿
7. 獨立劈扇　八拍　6·１ 5 6 4 5｜3 － － －　　少林武當功
8. 獨立崩扇　八拍　3 3 2 5 5 6｜3 4 3 2 1 －　太極八卦連環掌
9. 舉扇衝拳　八拍　2·3 5 6 1 7｜6 － － －　　中華有神功

第二段（快板）每分鐘104拍

10. 歇步帶扇　四拍　6·１ 5 3　6 0　　臥似一張弓
11. 點步亮扇　四拍　6·１ 5 4　3 0　　站似一棵松
12. 歇步雲抱　四拍　3·2 5 6　3 2 1　　不動不搖坐如鐘
13. 弓步下截　四拍　2·3 5 6 1 7　6 0　走路一陣風
14. 抱扇彈踢　四拍　6·１ 5 3　6 0　　南拳和北腿
15. 弓步推扇　四拍　6·１ 5 4　3 0　　少林武當功
16. 劈扇探掌　四拍　3·2 5 6　3 2 1　　太極八卦連環掌
17. 舞花擊扇　四拍　2·3 5 6 1 7　6 0　中華有神功

第三段（念板）

18. 轉身雲掃	四拍	× × × × × 0	棍掃一大片
19. 弓步紮扇	四拍	× × × × × 0	槍挑一條線
20. 叉步崩扇	四拍	× × × × × ×	身輕好似雲中燕
21. 背扇推掌	四拍	× × × × × 0	豪氣沖雲天
22. 馬步挎肘	四拍	× × × × × 0	外練筋骨皮
23. 馬步推扇	四拍	× × × × × 0	內練一口氣
24. 叉步反撩	四拍	× × × × × ×	剛柔並濟不低頭
25. 望月亮扇	四拍	× × × × × 0	我們心中有天地

過　　門　　　　　　　　　間奏音樂

26. 轉身抱扇

27. 轉身捧扇

第四段（快板）同第二段

28. 歇步帶扇	四拍	$6 \cdot \dot{1} \; 53 \; 6 \; 0$	臥似一張弓
29. 點步亮扇	四拍	$6 \cdot \dot{1} \; 54 \; 3 \; 0$	站似一棵松
30. 歇步雲抱	四拍	$3 \cdot 2 \; 56 \; 32 \; 1$	不動不搖坐如鐘
31. 弓步下截	四拍	$2 \cdot 3 \; \underline{5617} \; 6 \; 0$	走路一陣風
32. 抱扇彈踢	四拍	$6 \cdot \dot{1} \; 53 \; 6 \; 0$	南拳和北腿
33. 弓步推扇	四拍	$6 \cdot \dot{1} \; 54 \; 3 \; 0$	少林武當功
34. 劈扇探掌	四拍	$3 \cdot 2 \; 56 \; 32 \; 6$	太極八卦連環掌
35. 舞花擊扇	四拍	$2 \cdot 3 \; 5617 \; 6 \; 0$	中華有神功

第五段（念板）

36. 雲扇前點	四拍	× × × × × 0	清風劍在手

37. 弓步劈扇　四拍　×× ×× × 0　雙刀就看走

38. 掩手推扇　四拍　×× ×× × ×　行家功夫一出手

39. 馬步撐扇　四拍　×× ×× × 0　就知有沒有

40. 崩拳蹬腳　四拍　×× ×× × 0　手是兩扇門

41. 跳步劈扇　四拍　×× ×× × 0　腳下是一條根

42. 背手後撩　四拍　×× ×× × ×　四方水土養育了

43. 點步上刺　四拍　×× ×× × 0　我們中華武術魂

過　門　　　　　　　　間奏音樂

44. 弓步崩扇

45. 歇步亮扇

46. 開立抱扇

第六段（慢板）同第一段

47. 弓步分靠　八拍　6·i 56 i7|6 － － －　東方一條龍

48. 虛步抱扇　八拍　6·i 56 45|3 － － －　兒女是英雄

49. 弓步推扇　八拍　3 32 55 6|34 32 1 －　天高地遠八面風

50. 仆步分掌　八拍　2·3 56 i7|6 － － －　中華有神功

51. 舉腿挑扇　八拍　6·i 56 i7|6 － － －　東方一條龍

52. 擺腿拍腳　八拍　6·i 56 45|3 － － －　兒女是英雄

53. 撞拳撩扇　八拍　3 32 55 6|34 32 1 －　天高地遠八面風

54. 虛步亮翅　八拍　2·3 56 i7|6 － － －　中華有神功

55. 併步抱扇　八拍　2·3 56 i7|6 － － －　中華有神功

56. 收　勢　　　　　　鑼聲

中國功夫

宋小明　詞
伍嘉冀　曲

1 = G 4 / 4

每分鐘66拍

6 · 1̇ 5̂ 6̂ 1̇ 7̂ | 6 − − − | 6 · 1̇ 5̂ 6̂ 4̂ 5̂ |

1. 臥 似 一 張 弓，　　站 似 一 棵
2. 南 拳 和 北 腿，　　少 林 武 當
3. 東 方 一 條 龍，　　兒 女 似 英

3 · (0 3̂ 3 · 2̂ 1 2̂) | 3 3̂ 2̂ 5 5̂ 6̂ | 3 4̂ 3̂ 2̂ 1 − |

松，　不 動 不 搖 坐 如 鐘，
功，　太 極 八 卦 連 環 掌，
雄，　天 高 地 遠 八 面 風，

1.3. 　　　　　　　　　　　　　2.

2 · 3 5̂ 6̂ 1̇ 7̂ | 6 · (5̂ 6̂ 1 · 2̂ 5̂ ♭7̂） ‖ 2 · 3 5̂ 6̂ 1̇ 7̂ |

走 路 一 陣 風。　中 華 有 神
中 華 有 神 功。

每分鐘104拍

6 − − − ‖: 6 · 1̇ 5̂ 3̂ 6 0 | 6 · 1̇ 5̂ 4̂ 3̂ 0 |

功。　　臥 似 一 張 弓，　站 似 一 棵 松，
　　　　臥 似 一 張 弓，　站 似 一 棵 松，

3 · 2̂ 5 6 3 2 1 | 2 · 3 5̂ 6̂ 1̇ 7̂ 6 0 | 6 · 1̇ 5̂ 3̂ 6 0 |

不 動 不 搖 坐 如 鐘，走 路 一 陣 風；　南 拳 和 北 腿，
不 動 不 搖 坐 如 鐘，走 路 一 陣 風；　南 拳 和 北 腿，

```
6·1 5 4 3 0 │ 3·2 5 6 3 2 1 │ 2·3 5 6 7 6 - │
少林 武當功，　太 極 八卦 連環掌，中 華 有 神 功。
少林 武當功，　太 極 八卦 連環掌，中 華 有 神 功。
```

```
╳ ╳　╳ ╳　╳ 0 │ ╳ ╳　╳ ╳　╳ 0 │ ╳╳╳　╳ ╳　╳ ╳ │
棍掃 一大片，　槍挑 一條線，　身輕 好似 雲中燕，
清風 劍在手，　雙刀 就看走，　行 家的功夫 一出手，
```

```
╳ ╳　╳ ╳　╳ 0 │ ╳ ╳　╳ ╳　╳ 0 │ ╳╳╳　╳ ╳　╳ 0 │
豪氣 沖雲天。　外練 筋骨皮，　內練 一口氣，
就知 有沒有。　手是 兩扇門，　腳下 一條根
```

```
╳ ╳　╳ ╳　╳ ╳╳╳ │ ╳ ╳　╳ ╳　╳ 0 │　(間奏略)　 ‖
                                                D.C.
剛柔 並濟 不低頭，我們　心 中 有 天 地。
四方 水土 養育了，我們　中 華 武 術 魂。
```

```
4.
 rit.
2· 3 5 6 1 7 │ 6 - - - │ 6 - - - │ 6 0 0 0 ‖
                                          Fine
中 華 有 神　　功。
```

歡迎至本公司購買書籍

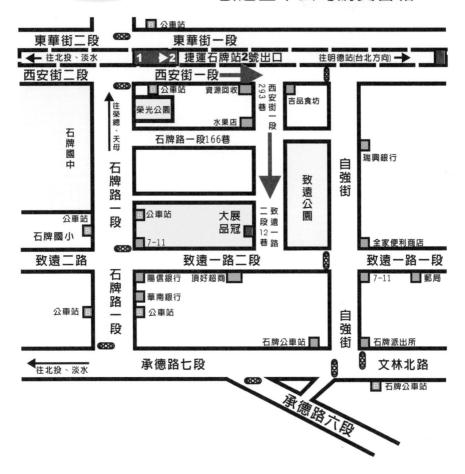

建議路線

1.搭乘捷運‧公車

　　淡水線石牌捷運站下車，由石牌捷運站２號出口出站(出站後靠右邊)，沿著捷運高架往台北方向走(往明德站方向)，其街名為西安街，約走100公尺(勿超過紅綠燈)，由西安街一段293巷進來(巷口有一公車站牌，站名為自強街口)，本公司位於致遠公園對面。搭公車者請於石牌站(石牌派出所)下車，走進自強街，遇致遠路口左轉，右手邊第一條巷子即為本社位置。

2.自行開車或騎車

　　由承德路接石牌路，看到陽信銀行右轉，此條即為致遠一路二段，在遇到自強街(紅綠燈)前的巷子(致遠公園)左轉，即可看到本公司招牌。

大展好書　好書大展
品嘗好書　冠群可期

大展好書　好書大展

品嘗好書　冠群可期